INSTRUCTION

PASTORALE

DE

MONSEIGNEUR CHARLES-JOSEPH-EUGÈNE DE MAZENOD,

ÉVÊQUE DE MARSEILLE,

SUR LES BONS ET LES MAUVAIS ANGES,

PRÉCÉDÉE

D'UN BREF LAUDATIF DE N. S. P. LE PAPE PIE IX.

DIGNE,

REPOS, ÉDITEUR, IMPRIMEUR-LIBRAIRE,

—

1854.

Dépot: Rue d'Aubagne, 9, à Marseille.

INSTRUCTION

PASTORALE

DE MONSEIGNEUR L'ÉVÊQUE

DE MARSEILLE.

PROPRIÉTÉ.

(C.)

DIGNE. — TYPOGRAPHIE REPOS, ÉDITEUR DES LIVRES DE CHANT ROMAIN.

INSTRUCTION

PASTORALE

DE

MONSEIGNEUR CHARLES-JOSEPH-EUGÈNE DE MAZENOD,

ÉVÈQUE DE MARSEILLE,

SUR LES BONS ET LES MAUVAIS ANGES,

PRÉCÉDÉE

D'UN BREF LAUDATIF DE N. S. P. LE PAPE PIE IX.

DIGNE,

REPOS, ÉDITEUR, IMPRIMEUR-LIBRAIRE,

1854.

AVIS DE L'ÉDITEUR.

L'*Instruction Pastorale* que Monseigneur l'Évêque de Marseille adressa à ses ouailles, au mois de février de cette présente année, sur *les bons et les mauvais Anges*, fit sensation, non-seulement dans son diocèse, mais encore dans tous les pays où elle fut connue. Nous avions su que de toutes les parties de la France un grand nombre de personnes, tant ecclésiastiques que laïques, avaient demandé cet écrit à l'Évêché de Marseille, mais que la première édition, quoique beaucoup plus considérable pour la quantité des exemplaires que celle des Mandements ordinaires, ayant été bientôt épuisée, il avait été impossible de satisfaire à une multitude de demandes.

Cela nous est expliqué par l'opinion à nous connue de plusieurs hommes compétents. Les théologiens trouvèrent, dans cette *Instruction Pastorale*, une exposition à peu près complète de la Doctrine de l'Église sur l'existence, la nature et les œuvres des Anges et des démons. Les gens du monde purent, après avoir lu ces pages substantielles, avoir des notions exactes et assez étendues sur ce qu'il nous est permis de savoir de ces innombrables esprits placés par leur nature au-dessus de nous dans l'ordre de la création. Le bien qu'il faut attendre de ceux qui, ayant conservé la grâce divine, ont acquis l'éternelle béatitude et le mal que peuvent nous faire ceux qui, déchus de la grâce, ont à jamais perdu le bonheur ; les rapports, en un mot, des uns et des autres avec la race humaine sont indiqués, avec des développements rendus accessibles à toutes les intelligences par la noble simplicité du langage.

L'Enseignement de l'Église s'y manifeste, à la lumière des Saintes Écritures, interprêtées avec l'autorité des noms les plus illustres et les plus respectables de tous les siècles chrétiens. Cet enseignement, fondé sur les monuments de la tradition qui se déroule sous les yeux du lecteur en citations presque continuelles, comprend, sous la forme que lui donne son Vénérable Auteur, tout un petit traité sur les Anges bons et mauvais. Rien d'essentiel ne s'y laisse désirer, et l'on peut dire, sans exagération, que l'École s'y révèle en toute doctrine, dans un discours approprié à la voix du Pasteur qui parle à ses ouailles avec une tendre sollicitude.

Aussi, bien des Ecclésiastiques ont pensé que trop souvent le temps leur manquant pour recourir aux sources et coordonner les matériaux qu'ils y puiseraient, ils trouveraient dans la *Lettre Pastorale* de Monseigneur l'Évêque de Marseille, un travail préparatoire dont ils pour-raient se servir utilement, pour les instructions qu'ils auraient à adresser aux fidèles sur le même sujet. Nous reproduisons ici une opinion déjà bien des fois exprimée sur cette *Instruction Pas-torale*, considérée même indépendamment des circonstances qui ont déterminé sa publication.

On sait avec quelle ardente curiosité on se livrait, l'hiver dernier, en Europe comme en Amérique, à des pratiques dangereuses qui avaient pour objet d'évoquer et d'interroger les Esprits pour en obtenir des réponses sur toutes sortes de sujets. L'exposition de la doctrine de l'Église sur les Anges fut présentée dans l'Écrit dont il s'agit, comme renfermant les prémices des conclusions les plus formelles contre ces pratiques. Ces conclusions incontestablement ad-mises comme légitimes, eurent pour résultat im-médiat de faire cesser à Marseille ce qu'elles con-damnaient, et de rappeler ainsi à leur devoir de chrétiens, une multitude de personnes entraînées aux séductions de l'esprit de ténèbres.

Nous avions appris depuis, que Monseigneur l'Évêque de Marseille avait fait hommage de sa *Lettre Pastorale* au Saint Père, et que sa Sain-teté lui avait répondu par un *Bref* qui, tout en réservant pour un temps opportun, la décision définitive à intervenir, est encore d'une haute importance, en ce qu'il manifeste la pensée du Vicaire de Jésus-Christ sur l'œuvre du Prélat, et sur les pratiques qu'il réprouvait. Cette pensée mérite d'autant plus ici d'être remarquée, que celui à qui elle est adressée avait formellement déclaré qu'il ne demandait point de décision prochaine, et que son but était seulement de soumettre au Saint-Siége, comme pièce au procès, ce que, comme Évèque, il avait cru devoir dire à ses ouailles relativement à une question sur laquelle le chef de l'Église aurait peut-être à s'expliquer plus tard.

Nous sommes toutefois tenus de dire que Monseigneur l'Évêque de Marseille ne voulait donner aucune publicité au *Bref* qu'il avait reçu. Mais enfin, cédant aux vœux réitérés qui lui ont été exprimés pour une nouvelle édition de son *Instruction Pastorale*, et ayant été expressément autorisé par le souverain Pontife à placer en tête de cette nouvelle édition, cette réponse de Rome, qui ajoute une si grande autorité à la parole du Vénérable Évêque, il nous a permis d'éditer de nouveau son écrit, en reproduisant intégralement le *Bref* latin du Pape, avec la traduction française à la suite.

VENERABILI FRATRI NOSTRO CAROLO,

EPISCOPO MASSILIENSI.

Massiliam.

PIUS, P.P. IX.

VENERABILIS FRATER, SALUTEM ET APOSTOLICAM BENEDICTIONEM,

Libenti quidem animo hisce diebus excepimus cum tuis Litteris die 6 proximi mensis Martii datis, exemplar Pastoralis tuæ Epistolæ typis editæ, quâ, Venerabilis Frater, existimasti occasione Sacræ Quadragesimæ nuper elapsæ fideles tibi commissos alloqui, illosque catholicam præsertim de spiritibus doctrinam docere, ac simul à vaferrimis, perniciosissimisque dolis, præstigiis, et fraudibus avertere, quibus antiquus Serpens, perpetuus humani generis hostis, homines decipere, atque ad exitium pertrahere semper conatur. Itaque hanc pastoralem tuam sollicitudinem, catholico Antistite omnino dignam, meritis in Domino laudibus prosequimur, Venerabilis Frater, ac plané, non dubitamus, quin majori usque studio et vigilantiâ tuas omnes curas adhibere pergas, quo tuæ Diœcesos fideles sanctissimis Catholicæ

Ecclesiæ Doctrinæ documentis imbuti illius professione.
atque exercitatione stabiles et immoti persistant, et vel ma-
xime horreant, ac detestentur quidquid diabolicis Satanæ
artibus et illusionibus peragi posse quovis modo videatur.
Nos quidem de universi Dominici gregis salute vehementer
solliciti haud omittemus pro Apostolici Nostri ministerii
munere congrua inire consilia, cum id magis opportunum
fore existimabimus. Denique hâc quoque occasione libenter
utimur, ut iterum testemur et confirmemus præcipuam Nos-
tram in te caritatem cujus quoque pignus esse volumus
Apostolicam Benedictionem, quam intimo cordis affectu tibi
ipsi, Venerabilis Frater, et gregi tuæ curæ concredito pera-
manter impertimur.

Datum Romæ, apud Sanctum Petrum, die 17 Aprilis
anno 1854, Pontificatus Nostri anno octavo.

PIUS P.P. IX.

A NOTRE VÉNÉRABLE FRÈRE CHARLES,

ÉVÊQUE DE MARSEILLE.

A Marseille.

PIE IX , P.P.

VÉNÉRABLE FRÈRE, SALUT ET BÉNÉDICTION APOSTOLIQUE,

C'est vraiment avec satisfaction que, ces jours-ci, Nous avons reçu vos Lettres en date du 6 Mars dernier et un exemplaire imprimé de la Lettre Pastorale par laquelle, Vénérable Frère , vous avez jugé à propos, à l'occasion de la sainte Quarantaine qui vient de s'écouler, d'adresser la parole aux fidèles qui vous sont confiés et de leur enseigner spécialement la doctrine catholique sur les Esprits , et en même temps de les détourner des fourberies, des prestiges et des fraudes par lesquels, avec la plus grande subtilité et de la manière la plus pernicieuse, l'antique Serpent, ennemi perpétuel du genre humain, s'efforce sans cesse de tromper les hommes et de les entraîner à leur perte. C'est pourquoi Nous accordons, Vénérable Frère, à cette sollicitude pastorale, tout à fait digne d'un Évêque catholique, les louanges qu'elle mérite devant le Seigneur, et Nous ne doutons pas que vous ne continuiez toujours avec plus de zèle et de vigilance à

XII

mettre tous vos soins, pour que les Fidèles de votre Diocèse, chaque jour pénétrés davantage des très-saints enseignements de la doctrine de l'Église catholique, demeurent fermes et inébranlables dans la profession et la pratique de cette même doctrine, et aient souverainement en horreur et détestent tout ce qui paraît pouvoir s'opérer, de quelque manière que ce soit, par les artifices et les illusions diaboliques de Satan. Quant à Nous, dans Notre vive sollicitude pour le salut de tout le troupeau du Seigneur, Nous ne manquerons pas, selon le devoir de Notre Ministère Apostolique, de prendre les mesures convenables, lorsque Nous jugerons que cela sera plus opportun.

Enfin, Nous aimons aussi à saisir cette occasion de vous exprimer de nouveau et de vous confirmer le témoignage de l'affection toute spéciale que Nous vous portons. Nous voulons que vous en ayez pour gage la Bénédiction Apostolique que Nous accordons affectueusement du fond de Notre cœur à vous, Vénérable Frère, et également avec amour au troupeau confié à vos soins.

Donné à Rome, près de Saint-Pierre le 17 Avril de l'an 1854; de Notre Pontificat le huitième.

PIE IX, P. P.

INSTRUCTION

PASTORALE

DE MONSEIGNEUR L'ÉVÈQUE

DE MARSEILLE,

SUR LES BONS ET LES MAUVAIS ANGES.

———— ✦ ————

CHARLES-JOSEPH-EUGÈNE DE MAZENOD,

Par la miséricorde de Dieu et la grâce du Saint-Siége Apostolique,

ÉVÊQUE DE MARSEILLE,

AYANT PRIVILÉGE DU SACRÉ PALLIUM,

Commandeur de l'Ordre des Saints Maurice et Lazare, etc.,

*Au Clergé et aux Fidèles de notre Diocèse, Salut et Bénédiction
en Notre Seigneur Jésus-Christ:*

———— ✦ ————

NOS TRÈS-CHERS FRÈRES,

Appelé à vous faire entendre notre voix pour
vous annoncer le saint temps du Carême, nous
croyons convenable cette année, de fixer votre
attention sur une vérité connue de vous tous,

1

sans doute, mais qui semble effacée du souvenir de beaucoup d'hommes de notre siècle. A en juger par les idées qui les préoccupent exclusivement, on dirait que notre existence n'a de rapport qu'avec le sensible, et que notre place est seulement dans l'ordre physique. Il y a plus, cet ordre physique est à leurs yeux comme le seul réel, fascinés ou plutôt aveuglés qu'ils sont par le charme de sentir qui les empêche de voir le monde, disons mieux, les mondes des esprits au-delà de l'étroit horizon où s'arrête leur pensée.

Tous ne professent pas, il est vrai, un grossier et abject matérialisme qui nie jusqu'à la spiritualité du principe pensant; mais un grand nombre, sans se rendre bien compte, peut-être, de leurs habitudes intellectuelles, sont trop disposés à ranger, sinon parmi les abstractions d'une métaphysique nuageuse, du moins parmi les fictions d'une sorte de mythologie née d'une imagination plus ou moins poétique, ce qui leur a été raconté des êtres spirituels dont la main de Dieu a peuplé l'immensité de la création.

Nous voulons vous exposer, N. T. C. F., quelle est en ce point la doctrine de l'Église, vous dire quelles sont nos relations légitimes dans la société des intelligences, puis, vous indiquer la limite où finissent ces relations légitimes, et où commen-

cent les pratiques répréhensibles et la supersti-
tion condamnable.

Il n'est pas nécessaire de déployer une grande
puissance de conception, ni d'être doué d'une
rare pénétration d'esprit pour comprendre que
le Créateur, dans son inépuisable fécondité, a
dû placer à des degrés divers une longue suite
d'êtres intelligents dans l'intervalle infini qui le
sépare de la créature humaine. Il n'a point laissé
de lacune dans son œuvre. Voyez les Cieux : tout
le champ de l'espace est semé d'innombrables
sphères qui sur tous les points font jaillir la lumière, sans qu'il soit possible de trouver une
région, où ne soit un astre pour *raconter la gloire
de Dieu* (1). Voyez la terre : depuis le corps humain animé par une intelligence jusqu'à la pierre
inanimée; partout se représentent sans interrup-
tion les anneaux de la chaîne des êtres, tellement
rapprochés les uns des autres, qu'on peut à
peine reconnaître le signe qui distingue à son
dernier terme un règne de la nature de celui qui
lui succède immédiatement. Mais, celui qui, comme en se jouant, a suspendu les constellations
dans toute l'étendue des Cieux, n'a pas eu une
main assez avare pour se refuser à répandre
l'existence dans l'incommensurable étendue de

(1) Psalm. xii, v. 1.

l'espace spirituel. Là, moins qu'ailleurs, il n'aura pas voulu le désert et le règne du néant. Celui qui a placé tant d'êtres divers au-dessous de l'homme, a dû en produire encore un plus grand nombre au-dessus de cette créature qui, esprit et corps en même temps, tient, par sa double essence, aux deux ordres de la création, et les unit en elle-même comme sur la limite où ils se rencontrent. Oui, l'échelle descendante qui de l'homme va jusqu'à l'atome, indique évidemment une autre échelle ascendante qui du même point monte vers Dieu. Nous contemplons parmi les astres, non-seulement une ordonnance admirable, mais on dirait encore une hiérarchie qui se manifeste par une sorte de subordination et de dépendance de plusieurs d'entr'eux envers un autre, dont ils empruntent leur éclat et autour duquel ils exécutent fidèlement la marche qui leur a été commandée. Eh bien! d'après la pensée de Saint Paul, qui, confirmant ce qu'avait pressenti la sagesse antique, nous déclare « que les choses invisibles » de Dieu, connues par ce qui a été fait, nous » sont rendues visibles en ce monde, » cette contemplation des cieux matériels nous conduit naturellement, ce semble, à y reconnaître comme un miroir où se réfléchit et se révèle quelque chose de la hiérarchie des esprits, qui, autour du Soleil divin, premier principe de toute chaleur et de toute lumiére, brillent plus ou moins de la gloire de Dieu, dans *ces Cieux des Cieux* (1) dont parle l'Écriture.

Mais si le Créateur s'est peint dans ses ouvrages, s'il y a retracé surtout sa grandeur, sa puissance et sa bonté, n'est-ce pas dans la nature spirituelle, que lui, pur esprit, aura reproduit la plus parfaite image de lui-même, et consigné l'expression la plus noble comme la plus fidèle de ses adorables attributs? Nest-ce point là, que plus nombreux et plus brillants que les étoiles du firmament, seront les témoins vivants qui, par toutes les supériorités de l'ordre intellectuel, déposeront continuellement en face du monde d'En-Haut, et, les uns pour les autres, de l'ineffable beauté de l'Être Divin? Afin *de se réjouir dans ses œuvres* (2), comme disent les Livres Saints, et offrir en dehors de lui-même le plus grand spectacle de sa gloire, Celui *qui a tout fait dans la Sagesse* (3), doit avoir rempli de sa magnificence l'Univers invisible plus encore que l'Univers que découvrent nos yeux. Celui-ci ne rendrait à son Auteur qu'un hommage muet, si la voix de l'intelligence et de l'amour ne s'élevait dans les Cieux, pour former ce concert des esprits bien-

(1) Psalm. XLVIII, v. 4.
(2) Psalm. c. III, v. 51.
(3) Psalm. c. III, v. 24.

heureux qui éclate en l'honneur du trois fois
Saint dans un perpétuel Hosanna. Non, ce que
l'œil matériel pourrait apercevoir n'est pas *un
ornement* suffisant *de la maison du Très-Haut et
du lieu qu'habite sa gloire* (1). Il faut encore que
les infinies *richesses de la sagesse et de la science
de Dieu* (2), aussi bien que celles de sa puissance
et de son amour y resplendissent dans une hiérarchie d'êtres capables d'en recevoir la communication, et d'en faire remonter la louange à Celui
par qui a été fait tout ce qui a été fait (3).

Nous n'entrerons point, N. T. C. F., dans le
développement de toutes les raisons qui nous
inclinent à croire l'existence des purs esprits.
Nous nous bornerons à vous rappeler ce que la
foi nous enseigne à ce sujet.

Se fondant sur la Sainte Écriture et sur la
tradition, dont elle est également l'interprète
infaillible, l'Église nous apprend qu'il existe
une immense multitude « d'esprits dégagés, dit
» Bossuet, de toute matière, qui vivent et se
» nourrissent d'une pure contemplation. » L'É-
glise nous raconte que, distribués en neuf chœurs
subordonnés l'un à l'autre, ils forment une
armée invincible ; ils sont nommés les Anges ;

(1) Psalm. xxv, v. 8.
(2) Rom. cap. xi, v. 35.
(3) Evang. Joan. cap. i, v. 3.

les Archanges, les Vertus, les Dominations, les
Principautés, les Puissances, les Trônes, les
Chérubins et les Séraphins. Nul ne saurait dire
leur nombre. Seulement, le prophète Daniel
nous révèle *qu'il en a vu mille fois mille qui ser-*
vaient l'Eternel assis sur son trône, et que mille
fois cent mille demeuraient en sa présence (1).
Cependant, « il ne faut pas croire, dit encore
» Bossuet, qu'en parlant ainsi, le prophète ait
» entrepris de les compter. Cette prodigieuse
» multiplication qu'il en a faite par les plus
» grands nombres, nous signifie seulement qu'ils
» sont innombrables et que l'esprit humain se
» perd dans cette immense multitude. Comptez,
» si vous pouvez, ou le sable de la mer ou les
» étoiles du ciel, tant celles qu'on voit que celles
» qu'on ne voit pas; et croyez que vous n'avez
» pas atteint le nombre des Anges. Il ne coûte
» rien à Dieu de multiplier les choses les plus
» excellentes, et ce qu'il a de plus beau, c'est,
» pour ainsi dire, ce qu'il prodigue le plus. » (2)
Quelque soit le nombre des Anges, ils sont,
d'après Saint Augustin, comme des Dieux, c'est
pourquoi, dit-il, le Seigneur s'appelle dans
l'Ecriture, *le Dieu des Dieux* (3).

(1) Daniel, cap. vi, v. 7.
(2) Elev. sur les Mysteres, 1" sur les Anges.
(3) Psalm. xlix, v. 1.

Presque toutes les pages des Livres Sacrés, dit St Grégoire, attestent l'existence des Anges : (1) depuis le Chérubin à l'épée flamboyante qui défend l'entrée du Paradis terrestre, jusqu'à l'Ange qui introduisit le Disciple bien-aimé, en présence des inénarrables merveilles de la céleste Jérusalem, de la Génèse à l'Apocalypse, ils se montrent partout. Ils se montrent dans le désert à la mère désolée d'Ismaël, pour sauver ce fils prêt à mourir (2); au Père des croyants, dans la vallée de Mambré, pour lui annoncer cette génération, en *laquelle toutes les tribus de la terre seront bénies* (3); à Jacob sur le bord du fleuve, pour donner au patriarche le victorieux nom d'Israël, après avoir lutté avec lui jusqu'à l'aurore (4); à Moïse, dans le buisson ardent, sur le mont Sinaï et à la tête du peuple de Dieu; à Josué, sous les murs de Jéricho (5), et à Gédéon sous le chêne d'Ephra. (6)

Les prophètes aussi les voient et les entendent: Isaïe contemple les Séraphins autour du trône de Dieu, tandis qu'ils chantent un hymne à sa gloire, et que l'un d'eux vient purifier, en les touchant d'un charbon ardent, les lèvres qui

(1) S. Grég. hom. 34 in Evang.
(2) Gen. cap. xvi, v. 7 et seq.
(3) Gen. cap. xxi, v. 17.
(4) Gen. cap. xxxii, v. 24 et seq.
(5) Josué, cap. v, v. 15.
(6) Jud. cap. vi, v. 11.

9

doiyent rendre les oracles du Seigneur (1);
Daniel est visité par l'Archange Gabriel, qui lui
prédit le *Désiré des Nations* pour la soixante-et-
dixième semaine ; Habacuc (2) est transporté par
un Ange à Babylone et jeté sur le bord de la
fosse aux lions (3). Puis, dans le Nouveau-Tes-
tament, Zacharie dans le moment solennel de ses
fonctions sacerdotales, rencontre Gabriel à la
droite de l'autel des parfums (4), la Vierge Marie
reçoit sa salutation dans la maison de Nazareth
et apprend de lui sa maternité divine (5). Saint
Joseph est deux fois averti par un Envoyé du ciel,
d'abord du mystère, et ensuite de l'ordre de
Dieu (6). Des Anges veillent sur le berceau du
Sauveur du monde, annoncent sa naissance et
proclament sa gloire (7). Plus tard, ils viennent
le servir dans le désert et le consoler dans son
agonie. Souvent il parle d'eux. Il rappelle ceux
qui sont les protecteurs de l'enfance et il com-
pare à leur pureté, celle des élus dans le ciel (8).
C'est par le ministère d'un Ange que les apôtres
sont délivrés de la prison, que le diacre Philippe
est transporté sur la route de Gaza, que les fers

(1) Isai, cap. vi, v. 2 et seq.
(2) Dan. cap. ix , v. 21.
(3) Dan. cap xiv, v. 55.
(4) Evang. Luc. cap. i, v. 11.
(5) Evang. S. Luc, cap. 1. v. 26.
(6) Math. cap. i, v. 20. et ii, v. 13.
(7) Evang. S. Luc. cap. ii ; v. 9 et seq.
(8) Math. cap. xviii, v. 10. et cap. xxii, v. 30.

de St Pierre sont de nouveau déliés, que Cor-
neille connaît sa vocation au christianisme, et
qu'Hérode est frappé d'une maladie mortelle.
Les Anges apparaissent encore en bien des circonstances, et enfin ce sont eux qui apportent
du ciel à St Jean exilé à Patmos, les révélations
prophétiques de l'Apocalypse, où il est question
d'ailleurs, de l'Ange du feu, de l'Ange des eaux
et de l'Ange de la prière.

Après ces témoignages des Divines Écritures,
qu'est-il besoin de montrer que la tradition de
tous les siècles chrétiens, attestée par le langage
des Pères de l'Eglise, reproduit sans cesse et
partout la même vérité ? On ne saurait la révo-
quer en doute sans abjurer le christianisme.
Nous connaissons les Anges par la foi, dit St
Augustin, et il ne nous est pas permis de douter
de leur existence. Les philosophes les plus illustres de l'antiquité connurent cette croyance,
Pythagore, Platon, Hésiode et d'autres la pro-
fessèrent formellement. On la retrouve sous un
nom ou sous un autre, dans les annales de tous
les peuples.

Mais quelle est la nature angélique ? Nous
savons, N. T. C. F., qu'elle est immatérielle,
sans assujétissement à un corps, comme la nôtre.
Elle est en même temps supérieure à celle-ci.
Dieu, dit le psalmiste, *a couronné l'homme d'hon-*

neur et de gloire, et l'a élevé au-dessus des ouvra-
ges de ses mains, mais il l'a placé un peu au-des-
sous des Anges (1), c'est-à-dire, des derniers
d'entr'eux. La science des hommes, dit saint
Ephrem, est une science douteuse si on la com-
pare à celle des Anges (2). Cependant, il ne leur
est pas donné par nature de voir les pensées
intimes des cœurs, ni les évènements contingents
de l'avenir. Seulement, au moyen de la vue ou
de la perception des circonstances extérieures
et de leur grande perspicacité naturelle, les
Anges peuvent découvrir par conjecture, bien
des choses cachées du cœur de l'homme et pres-
sentir les évènements futurs, surtout en les
considérant dans leurs causes déjà posées et
dans les préparatifs qui tendent à les amener.
Ces purs esprits ne diffèrent de l'homme sous
ces deux rapports que par une pénétration plus
vive et plus sûre, et par une plus vaste et plus
profonde compréhension des choses; mais l'in-
tuition des secrets des cœurs et la prescience
de l'avenir, Dieu se les est réservées. Seul, il
fait, quand il lui plaît, connaître avec certitude
à cet égard la vérité à ses créatures, et les Anges, comme les Prophètes, qui l'ont annoncée
quelquefois aux hommes, ne l'ont pas connue

(1) Psal. viii, v. 6.
(2) Eph. de Nat. ang.

naturellement, ils n'ont été que des messagers
porteurs des révélations divines. Ce sentiment
que nous venons d'exprimer sur les bornes de
la science angélique, est celui des docteurs de
l'Église. Il a été émis notamment par Origène,
par saint Athanase, par saint Grégoire et par
saint Jérôme. Il est hors de controverse parmi
les théologiens. Jésus-Christ lui-même l'insinue,
quand il dit en parlant de son second avène-
ment : *Personne n'en connaît ni le jour, ni l'heure,
pas même les Anges du Ciel* (1).

La puissance comme la science propre à la
nature angélique est nécessairement bornée,
mais elle est très-grande. Le psalmiste la com-
pare au vent et au feu (2), elle s'exerce sur les
corps qu'il lui est donné d'agiter et de mouvoir.
Cette action a lieu non-seulement sur les objets
inanimés, mais encore sur les organes où réside
la vie, et particulièrement sur les sens intérieurs
et sur l'imagination humaine.

Nous avons vu que, quant à la science,
l'Ange était circonscrit dans le même ordre de
conception que l'homme, et que toute la diffé-
rence était du plus au moins. Il en est de même
de la puissance. Créatures l'un et l'autre, ils ne
sauraient atteindre aux propriétés essentielles de

(1) Math. xxiv, v. 36.
(2) Psalm. cii, v. 5.

l'omniscience et de la toute-puissance du Créateur. Ainsi, comme nous, l'Ange meut la matière, et à l'aide des mouvements de plusieurs
genres qu'il lui communique, il produit des
effets qui se prolongent jusqu'à notre entende-
ment, sur lequel, pourtant, il n'a naturellement
aucune action immédiate.

Mais comment étant pur esprit, peut-il, dira-
t-on, mouvoir la matière? Pour répondre à
cette question qui touche à la nature intime des
esprits, il faudrait connaître notre propre nature, et savoir dire comment notre âme toute
spirituelle, par un seul acte de sa volonté, re-
mue notre corps et le transporte d'un lieu à un
autre. Le fait existe avec évidence, et on n'en
doute pas, c'est une loi de la création, on ne
l'explique pas, mais on la constate. Eh bien!
les faits de l'action des Anges sur les corps se
retrouvent mille fois renouvelés dans les récits
de l'Écriture Sainte. Ils se lient aux preuves
de l'existence même de la nature angélique, et
la foi ne permet pas de les mettre en doute.

Mais comme il n'y a pas de miracle dans les
mouvements imprimés à notre corps par notre
âme, vu que cela se fait en vertu des lois de
notre nature, il n'y a rien de miraculeux non
plus, à proprement parler, dans l'action naturelle des Anges sur la matière. Ils produisent en

elle un déplacement total ou un dérangement de
ses parties, et comme ils sont plus instruits que
nous des lois qui la régissent, et que leur action
est, d'ailleurs, beaucoup plus puissante que la
nôtre, ils peuvent, sans dérogation à ces lois,
amener des effets surprenants à nos yeux, extraordinaires pour nous et qui surpassent nos
connaissances et nos moyens, mais qui ne sont
point pour cela des miracles. Le suprême Légis-
lateur de la nature en est seul souverain, seul
il peut lui commander en maître absolu. Cela
n'empêche pas qu'il n'ait des ministres dépositaires de sa puissance, pour exécuter ses ordres
dans le gouvernement du monde. Ceux-ci feront,
s'il le veut, des miracles, mais ces ministres,
ces serviteurs de l'omnipotence divine, Anges
ou hommes, agiront au nom du maître, et jamais par une vertu qui leur soit naturellement
propre. Ils sont des instruments sous la main
de Dieu qui seul opère par eux ; souvent même,
quand ils sont hommes, leur parole, malgré sa
forme impérative, n'est guère qu'une prière
exaucée.

Il résulte, cependant, de ce que nous venons
d'exposer, que l'action accordée aux purs esprits sur la matière, leur permet dans une mesure à nous inconnue, mais toujours dans une
sphère très étendue, de mettre en jeu les forces

cachées et patentes de la nature physique. Elles
sont pour eux comme un levier dont ils dispo-
sent, et dès lors, on comprend que leur puissance naturelle s'élève au-dessus de tout ce que
nous pouvons imaginer.

D'autre part, ils ont dans leur nature le principe du mouvement qu'ils peuvent communi-
quer à la matière inerte, ce qui implique en
eux la faculté de se mouvoir à la manière des
esprits. Si on ignore quelle est cette manière,
on n'en peut pas moins affirmer, d'après les
textes les plus formels des Livres Saints et l'enseignement des docteurs, que les Anges ont le
pouvoir de faire sentir successivement leur présence tantôt dans un lieu, tantôt dans un autre,
et que cette espèce de locomotion est des plus
rapides, et presque instantanée. L'étincelle
électrique parcourant les distances est propre à
nous donner une idée de cette rapidité.

Les Anges se montrent quelquefois sur la terre
sous une forme sensible. C'est là ce que l'Écriture Sainte nous apprend, entr'autres passages,
quand elle nous raconte que des Anges prirent
la figure de voyageurs devant Abraham et devant
Loth (1), que l'Archange Raphaël accompagna
pendant plusieurs semaines le jeune Tobie, et

_____
(1) Gen. cap. xix, v. 1.

lui rendit de grands services (1), et qu'après la
Résurrection du Sauveur, les saintes femmes
virent un Ange assis sur la pierre soulevée du
sépulcre, et dont le visage était brillant comme
l'éclair, et les vêtements blancs comme la
neige (2).

Voilà sommairement, N. T. C. F., ce que
nous savons de la nature angélique, telle que
Dieu l'a faite. Indépendamment de l'excellence
de leur nature, les Anges furent créés dans un
état surnaturel de grâce et de bonheur, par où
ils participaient dans une mesure plus ou moins
grande, à la vie divine elle-même, ainsi que
cela est encore accordé à l'homme, quand il est
en possession de la grâce de Dieu. Mais ces sublimes esprits n'ont pas tous persévéré dans la
grâce et dans le bonheur. Tandis que les uns
furent fidèles, les autres se révoltèrent contre
Dieu, et ils perdirent la vie divine, en même
temps que ses prérogatives de bonheur et de
gloire.

Les premiers, à jamais confirmés en grâce,
tout en jouissant de la vue de Dieu, plus ou
moins près de son trône, selon leur rang hié-
rarchique, remplissent dans l'univers les mis-
sions diverses que leur confie la Providence.

(1) Lib. Tob. cap. xii.
(2) Math. xxviii, v. 2.

Ils sont tous, dit St Paul, *des esprits administra-teurs, envoyés pour exercer leur ministère en faveur de ceux qui recevront l'héritage du salut* (1). Dans le gouvernement de ce monde visible, tout est secondairement administré par les Anges, dit St Cyrille, qui ajoute que chacun d'eux se tient à l'emploi qui lui est confié (2). Ils président à tout l'Univers, selon Eusèbe de Césarée (3). Ils le soutiennent et le conservent, selon St Grégoire de Nazianze (4). C'est par leur ministère que Dieu dispense toutes choses, selon Théodoret (5). Ils sont préposés à la garde des principaux élé-ments, selon St Jérôme (6). Ils ont la charge de toutes les choses visibles de ce monde, selon St Augustin (7). Nous sommes placés sous leur tutelle et sous leurs soins, d'après Lactance (8). Ils sont chargés de pourvoir à nos besoins, comme des tuteurs pleins de sollicitude, dit St Jean-Chrysostôme (9). Ils forment auprès de nous une armée pour nous défendre, dit St Am-broise (10). On voit par l'Écriture que les na-tions ont leur ange tutélaire. Les Saints Pères

(1) Heb. cap. 1, v. 14.
(2) S. Cyrille, lib. 1 in Isaï.
(3) Euseb., præpar. lib. 7.
(4) Greg. de Naz., carm. 6.
(5) Théod. quæst. 82, in Gen.
(6) Hier. lib. 22, in Epist. ad Galat.
(7) S. August. lib. 83, quæst. 79.
(8) Lact. lib. 2, instit., cap. 14.
(9) Chrysost. serm. de Ascens.
(10) Amb. in psalm. 43.

en disent autant de chaque Eglise particulière, et par conséquent de chaque ville honorée du titre d'Église. St Michel, qui *est debout pour les fils du peuple de Dieu* (1), qui, à la tête des autres Anges, combattra contre le Dragon infernal aux derniers jours du monde (2), est considéré comme ayant mission d'assister invisiblement l'Église universelle, afin que les portes de l'enfer ne prévalent pas contre elle.

Les Anges sont mêlés à toute l'économie des œuvres de Dieu pour le salut du genre humain. On les voit participer à tout ce qui a été fait dans l'ancienne loi pour préparer l'avénement du Messie, et depuis, leur concours aux desseins de la Divine Providence en faveur des Élus n'est pas moins certain. S'ils assistèrent les patriarches et les prophètes, ils accompagnent aussi *les pas de ceux qui*, sous la loi de grâce, *évangélisent la paix et les biens du Seigneur* (3). Il y a plus, ils s'attachent par l'ordre d'En-Haut, à chaque chrétien en particulier, de manière que nous avons sans cesse auprès de nous un de ces sublimes esprits, à qui il a été donné un pouvoir spécial de parler intérieurement à notre esprit et à notre cœur, et d'en voir les pensées inti-

(1) Dan. cap. XII, v. 1.
(2) Apocap. cap. XII, v. 7.
(3) Rom. cap. XX, v. 15.

mes. Nous l'avons pour protecteur, pour ami, pour conseiller, pour guide et pour compagnon fidèle de notre pélérinage sur la terre, afin que nous le soyons de sa gloire dans le Ciel. Cet Ange-Gardien est avec nous pour nous éclairer, nous défendre, nous soutenir et nous diriger dans les voies du salut. Il nous préserve des dangers auxquels notre vie temporelle est exposée, il combat pour nous contre les démons et nous découvre leurs embûches, il nous aide à pratiquer la vertu, il offre à Dieu nos prières, il prie avec nous et pour nous, il nous assiste au moment redoutable de notre mort, et conduit ensuite avec allégresse notre âme au ciel, si elle a été trouvée fidèle à ses inspirations.

Les Anges qui voient en Dieu son infinie miséricorde pour les hommes, qui sont initiés à tous les secrets de son amour, qui reçoivent une continuelle communication de son esprit, qui est charité, s'associent avec un zèle incessant et une inexprimable affection à sa tendre sollicitude pour nous. Dieu, en les faisant participer surnaturellement au même esprit qu'il répand en nous, et en nous appelant à la même gloire et au même bonheur dont ils jouissent dans le ciel, nous a mis non-seulement en société fraternelle, mais encore en communion divine avec eux. Aussi, ils viennent s'unir à nous dans toutes nos

actions de la vie chrétienne; si c'est, *en leur présence* que le psalmiste *veut chanter les louanges du Seigneur* (1), c'est qu'ils viennent prendre place dans nos assemblées saintes, dit St. Bazile (2), ils entourent nos sacrés tabernacles, dit St Ambroise (3), ils sont invisiblement présents au divin sacrifice, dit St Jean-Chrysostôme, et tout le lieu saint en est plein, ajoute-t-il (4). A ce sujet, Bossuet, que dans cette instruction nous aimons à citer et dont nous pourrions multiplier extraordinairement les citations, s'exprime ainsi : « Quand on disait dans
» l'antiquité ecclésiastique qu'un ange présidait
» à l'oraison et à l'oblation sacrée, comme on
» le voit dans les Pères les plus anciens, il faut
» entendre que tous les saints Anges s'unissaient
» à lui en unité d'esprit, et parce que l'esprit
» de ce sacrifice est d'unir à Dieu toutes les
» créatures et surtout les plus saintes, pour lui
» rendre en commun la reconnaissance de leur
» servitude, il ne faut pas s'étonner si on priait
» les saints Anges d'y intervenir (5). »

Le même Bossuet, après avoir parlé ailleurs de l'excellence de ces esprits, dont nous venons

(1) Psalm. cxxxvii. v. 2.
(2) Basil. in psalm. 28.
(5) Amb. lib. 1, in hic.
(4) Chrysost. lib. 6, de sacerd. cap. 5.
(5) Bossuet, Explication de la Messe à un nouveau catholique.

de retracer la mission à notre égard, ajoute :
« c'est de cette race que sont les démons, et
» après cela, qu'est-il nécessaire que je fasse
» voir la dignité de leur nature..... tout est
» entier en eux, dit-il, excepté leur sainteté et
» leur béatitude. En voici la raison, tirée des
» principes de St Augustin : c'est que la félicité
» des Saints ne se trouve ni dans une nature
» excellente, ni dans un sublime raisonnement,
» ni dans la force, ni dans la vigueur, mais
» elle consiste seulement à s'unir à Dieu par un
» amour chaste et persévérant. Quand donc ils
» se séparent de lui, ne croyez pas qu'il soit
» nécessaire que Dieu change rien à leur nature
» pour punir leur égarement; il suffit, dit
» St Augustin, pour se venger, qu'il les aban-
» donne à eux-mêmes... Il ne faut pas croire
» que leurs forces soient épuisées par leur
» chute..... toute l'Écriture les appelle *forts...*
» Jésus-Christ appelle Satan le *fort armé*; non
» seulement il a sa force, c'est-à-dire sa nature
» et ses facultés, mais encore ses armes lui sont
» conservées, c'est-à-dire, ses inventions et
» ses connaissances (1). »
Devenu prévaricateur, le démon fut laissé à
lui-même, et par là-même, quelle que fut l'excel-

(1) Bossuet, Sermon pour le 1ᵉʳ dimanche de Carême.

lence de sa nature qui ne revêtait plus la grâce qui l'élevait jusqu'à Dieu, ce grand esprit fît une chute immense. C'est en appliquant au roi de Babylone l'exemple de cette chute du Prince des démons, entraînés avec le chef et l'auteur de leur révolte, que le prophète Isaïe fait entendre cette sublime apostrophe : « *Comment es-tu tombé du ciel, Lucifer, toi qui le matin te levais si brillant?... toi qui disais dans ton cœur : je monterai au ciel, j'établirai mon trône au-dessus des astres de Dieu, je m'assierai sur la montagne de l'alliance, à côté de l'Aquilon, je m'élèverai au-dessus de la hauteur des nuées, et je serai semblable au Très-Haut, et néanmoins tu as été précipité dans l'enfer jusqu'au plus profond des abîmes.* (1)

D'après ce texte et plusieurs autres des Livres Sacrés, les Saints Pères ont pensé que Satan, appelé Lucifer par le Prophète, occupait avant sa chute, sinon le premier rang, du moins un des rangs les plus élevés de la hiérarchie céleste. Leur opinion est aussi que, parmi les démons, il s'en trouve de tous les ordres de cette hiérarchie. Il est certain qu'il y en a qui appartenaient aux ordres supérieurs, puisque St Paul, parlant de ceux que nous avons à combattre ici-bas, articule

(1) Isaï, cap. xiv, v. 12, 13, 14 et 15.

les noms dès lors si redoutables pour nous, de *Principautés* et de *Puissances* (1).

L'orgueil, s'élevant à une hauteur au-dessus de notre portée intellectuelle et renfermant, selon St Thomas, tous les péchés qui en dérivent (2), fut le crime de ces sublimes esprits, éblouis, dit St Jérôme, par l'éclat de leur beauté (3), et ce crime, s'éternisant dans ces êtres immortels par une volonté toujours persévérante dans le mal, les fixa à jamais dans un châtiment mérité par une perversité, égale à leur perfection naturelle, comme elle est en raison inverse de leur sainteté primitive.

On ignore leur nombre, toutefois St Jean Damascène estime qu'ils sont une multitude innombrable (4), mais elle est moindre au jugement de St Augustin, que celle des Anges du ciel (5).

Bien que condamnés à l'enfer, dont ils endurent les supplices, les démons n'y seront renfermés pour n'en plus sortir qu'à la fin des temps. Jusqu'alors, il y a un très-grand nombre de ces esprits méchants, qui, sans cesse, dit St Thomas, de porter avec eux les tourments des flammes vengeresses auxquelles ils ont été livrés, sont répan-

(1) Eph. vi, v. 12.
(2) S. Thomas, q. 63, art, 2 ad 3.
(3) S. Hyero. in Ezech.
(4) Joan. Dam. lib. 2, cap. 4.
(5) S. Aug. de Civit. Dei cap. 23, lib. c.

dus dans les airs et sur la terre. Dieu le permet, ajoute le saint docteur, pour notre épreuve ou notre instruction (1). Sur cette présence des démons sur la terre et dans les airs, les Saints Pères sont unanimes; c'est là une croyance qu'ils enseignent comme une vérité certaine. St Augustin ne craint pas de dire que c'est une doctrine qui appartient à la foi apostolique (2). Et en effet, St Pierre dans sa première épître, nous apprend que le *diable, comme un lion rugissant, rôde sans cesse pour chercher quelqu'un à dévorer* (3). St Paul, s'adressant aux Ephésiens, leur déclare que *nous avons à lutter non pas seulement contre la chair et le sang, mais contre les principautés et les puissances, contre les esprits de malice répandus dans l'air...* Il appelle aussi Satan *le prince des Puissances de l'air* (4). Nous ajouterons que la croyance à la présence des démons sur la terre et dans les airs, est encore justifiée par le récit évangélique, particulièrement par ce qui est rapporté de l'esprit immonde qui erre dans le désert, sans pouvoir trouver de repos (5), et de cette légion de démons, qui, chassés par Jésus-Christ, du

---

(1) D. Thom. in cap. III, Jacobi.
(2) S. Aug. lib. II de Gen.
(3) 1 Ep. S. Pet. cap. V, v, 8.
(4) Eph. cap. VI, v. 12.
(5) Math. cap. XII, v. 45.

malheureux qu'ils possédaient, demandent à n'être pas envoyés dans l'abîme (1).

Le jour, où le démon introduisit le péché et la mort sur la terre, il en prit possession, il y régna, il fut *le prince de ce monde* (2) *et de ses ténèbres.* Aussi est-il écrit que la terre fut maudite, tandis que la Divine Miséricorde épargna la malédiction à l'homme coupable, mais séduit. La terre a été maudite et le démon s'y est attaché, ainsi qu'à tout ce qui l'entoure, avec une puissance dont l'idée est présente dans les souvenirs de tous les peuples; toutefois, cette idée est manifeste et reçoit son explication dans les prières de l'Église. Voyez surtout en quels termes elle s'exprime dans les exorcismes qui précèdent la bénédiction de l'eau et du sel pour le Baptême, ainsi que la consécration des saintes huiles pour d'autres Sacrements. Ayant en vue de purifier spirituellement et de sanctifier un être incapable de pensée, l'Église pourtant reconnaît par là même une souillure dans cet être, mais en même temps, elle établit la vraie notion de cette souillure spirituelle qui ne peut venir que d'une intelligence. Cette notion revient souvent d'une manière expresse dans les formules

(1) Luc. cap. viii, v. 31.
(2) Evang. Joann. cap. xii, v. 31.

prescrites par le Rituel pour sanctifier ce qui était profane, mot trop incompris qui suppose une profanation antérieure et permanente, tant que la vertu d'En-Haut n'est pas descendue. C'est ainsi que l'esprit de prière, donnant le sens de l'infaillible tradition, indique parfaitement l'empire du démon, et sa dangereuse et abominable présence sur la terre.

Mais que fait-il, le démon, sur la terre? Il fait le mal, il est l'esprit du mal, son œuvre est le mal, il le veut, il l'aime, et il le produit de toutes les manières, parce qu'il est l'ennemi de Dieu qui est le souverain bien. Le démon fait aussi le mal contre les hommes dont il est également l'ennemi, parce que Dieu les aime, veut les sauver et les appelle à aller remplir dans le Ciel, les places laissées vides par l'apostasie des anges déchus. La haine du démon est d'autant plus frémissante contre la race humaine, que dans cette race le Serpent infernal a vu, dès le principe, cette Femme bénie entre toutes les femmes, cette nouvelle Ève destinée à lui écraser la tête, et à être par le fruit de ses entrailles, mère spirituelle d'une multitude innombrable d'enfants de Dieu. Dans cette race des hommes, Satan en voit aussi Un, devant qui son orgueil n'a pas fléchi, mais à qui sont dues cependant toutes les adorations dans le Ciel et sur la terre; il voit celui qui l'a vaincu, qui lui a infligé une blessure éternelle en guérissant nos plaies, et qui l'enchaînera pour jamais dans la douleur au dernier jour, après avoir achevé notre délivrance. Cette victoire de l'Homme-Dieu désespère l'enfer, mais elle n'abat pas sa haine. Et en présence de la gloire apportée à l'humanité par Jésus-Christ, et qui reluit à un si haut degré dans sa sainte Mère, cette haine s'enflamme d'une fureur implacable, mais, si nous le voulons, impuissante, car nous avons été revêtus de la grâce divine comme d'une armure invincible. Ainsi, l'ange rebelle et les compagnons de sa révolte, eux tous qui furent si grands, qui le sont encore par nature, bien que privés de la sainteté et de la béatitude, en seront réduits, ô supplice de l'orgueil! à poursuivre l'homme de leur basse jalousie, et à ne vaincre que celui qui voudra être vaincu. Cet être si faible dont ils firent leur esclave aussitôt après sa création, et qui par condition naturelle est le moindre dans l'ordre de l'intelligence, parviendra désormais à leur résister jusqu'au bout, arraché qu'il a été à leur domination, *et pouvant tout en celui qui le fortifie* (1).

Saint Paul appelle Satan le *Tentateur* (2). On

(1) Philip. cap. iv, v. 13.
(2) 1 Thess. cap. iii, v. 5.

ne peut pas plus lui contester cette dénomination, que son existence. L'Écriture Sainte, les écrits des Pères, le langage de l'Église et celui des théologiens catholiques établissent que le démon cherche par tous les moyens à nous entraîner dans le mal, inspirant également à ses suppôts la ruse et la violence, et usant lui-même à notre égard de tous les genres de perfidie et de séduction.

Mais si par dessus tout le démon veut notre perte éternelle, s'il subordonne à ce but tous ses efforts, cependant sa haine le porte encore à nous faire temporellement tout le mal qui lui est possible. Il met en action les causes morales: il excite les passions humaines, il sème la discorde, il inspire l'esprit de sédition et de révolte, il fait les émeutes, il soulève les peuples les uns contre les autres, il allume les guerres. Il a *été homicide dès le commencement du monde* (1). Il se plaît dans le crime et dans le sang, la mort des hommes lui est douce, surtout quand elle lui donne sa victime. N'est-ce pas lui qui dans l'antiquité, et encore de nos jours parmi les infidèles, a demandé et obtenu des sacrifices humains? Il a abusé d'une idée qui avait sa racine dans les traditions primitives sur la rédemption

(1) S. Joan. cap. viii. v. 11.

des hommes par le sacrifice de Jésus-Christ, et
il est parvenu à la fois à usurper le souverain
domaine de Dieu sur les créatures, et à se faire
immoler un ennemi. Aux époques où la puissance de l'enfer augmente sur la terre, à mesure
que celle de la foi diminue, on voit avec épouvante se renouveler sans cesse quelque chose de
semblable aux sacrifices humains, de plus affreux
peut-être; on voit des malheureux égarés par
leur impiété et saisis d'une fureur que le démon
leur communique, se frapper eux-mêmes du
dernier coup pour aller à lui; tels, croyez-le,
sont les jeux cruels de sa malice; comme aussi
lorsque par la main du bourreau, ou par celle
d'un assassin, ou par les mille mains d'une
populace altérée de sang, un homme de bien et
surtout un homme de Dieu vient à être frappé,
reconnaissez l'ennemi au coup qu'il a porté et à
la victime qu'il a choisie : « Croyez alors, dit
» saint Hilaire, « qu'un crime de ce genre n'a pas
» pour premier auteur celui qu'il a pour mi-
» nistre, l'exécution est le fait de l'homme,
» l'instinct, le sentiment auquel celui-ci a obéi
» est le fait du diable (1). »

Partout où il règne, le démon inspire les sentiments les plus cruels. Parmi les hordes sauva-

(1 S. Hil. in psal. 126.

ges comme au sein des nations les plus civilisées
du paganisme, partout l'esprit de cruauté est le
même. Chez les uns comme chez les autres,
l'homme aime à jouir du supplice de l'homme.
La souffrance d'un ennemi surtout lui est pré-
cieuse. Seulement, là où la culture littéraire et
artistique est très-avancée, et où la mollesse des
mœurs égale leur élégance, on sait varier et
augmenter les douleurs, on invente sans cesse
de nouveaux supplices, en y ajoutant des raffine-
ments de barbarie dont la seule idée fait frémir.
Ce que durant trois cents ans de persécution,
Rome a fait souffrir aux martyrs, n'est pas hu-
mainement explicable. Il faut, pour s'en rendre
compte admettre du côté des bourreaux une
rage infernale, comme du côté des victimes une
force divine. Et, cependant, les Romains n'é-
taient pas étrangers à tous les sentiments de la
nature. Ils élevaient même des autels à la pitié,
et le plus grand de leurs poëtes avait une expression touchante pour rendre la pensée qui
apprend à secourir les malheureux. Mais la com-
passion parmi eux n'était souvent qu'un vain
mot comme la vertu. Pour que l'œuvre de miséricorde vint à naître, il fallait que le christianisme affranchît l'homme de l'empire d'une puissance ennemie, toujours avide d'un sang, d'où
pourtant devait lui venir sa ruine.

Le démon met en action, non-seulement les causes morales, mais encore les causes physiques, par l'effet de la puissance qu'il a sur la matière. Les tempêtes, les maladies, les accidents malheureux, les calamités publiques et privées, sont, non toujours, mais quelquefois, son ouvrage. L'invisible auteur du mal s'empare des causes secondes, et en fait sortir des effets qui servent ses haineuses pensées de destruction et de malheur. Que de catastrophes il a amenées! que de ruines il a accumulées! que de douleurs il a produites! et que de larmes il a fait verser parmi les enfants des hommes! L'histoire de Job nous offre un frappant exemple de cette puissance malfaisante. Les maisons qui s'écroulent, les familles qui périssent, les fortunes qui disparaissent et les maladies qui accompagnent la misère, tandis que le monde insulte au malheur et le maudit; tandis qu'aux souffrances qui déchirent le corps se joignent les peines cruelles qui déchirent l'âme, voilà les coups par lesquels Satan se signale dans cette saisissante histoire de la vertu aux prises avec l'adversité.

Nous devons cependant vous dire, N. T. C. F., que les maladies et les autres malheurs, même dans les circonstances où on les imputerait pour une part quelconque à l'enfer, ne réclament pas de nous autre chose que la prière à Dieu d'un côté, et les secours ou remèdes naturels de l'autre. Vous tomberiez tout-à-fait dans les superstitions criminelles du paganisme, si voulant désarmer notre ennemi, vous cherchiez par des pratiques illicites et dangereuses à conjurer sa haine et à obtenir sa faveur; si vous cherchiez la lumière dans les ténèbres ou le bien dans le mal. Vous ne trouveriez alors en définitive que les ténèbres et le mal. Il ne faut jamais avoir rien de commun avec un être aussi perfide et aussi malfaisant que le démon, il ne faut jamais se commettre avec lui, si ce n'est pour le combattre avec les armes spirituelles de la foi.

Il importe, d'ailleurs, que vous sachiez, N. T. C. F., que malgré la grande puissance inhérente à leur nature angélique, les démons sont loin de pouvoir exercer contre nous toute leur malice. Leur puissance originelle n'a pas été anéantie, il est vrai, mais elle est comme enchaînée sous la volonté souveraine de Dieu, à laquelle elle est forcément subordonnée. Aussi l'enfer ne peut rien faire à notre égard qu'autant que Dieu lui en laisse la liberté, comme nous le voyons dans l'histoire précitée de Job, qui ne peut être éprou é par la tribulation qu'avec la permission divine. S'il en était autrement, dit saint Augustin, il ne resterait pas un seul juste sur la terre (1). L'ordre physique n'y serait pas moins troublé que l'ordre moral, car où règne Satan, *il n'y a aucun ordre, mais il y habite une perpétuelle horreur* (2), comme dans l'enfer.

Mais si par l'infranchissable limite dans laquelle la puissance des démons a été emprisonnée au moment de leur chute, leur sphère d'action a été considérablement restreinte pour la conservation du monde, des bornes plus resserrées encore ont été imposées à leur empire depuis l'incarnation du Fils de Dieu. Saint Grégoire-le-Grand fait cette remarque au sujet des esprits immondes qui, chassés par le Divin Maître du corps d'un possédé, ne peuvent trouver de refuge, même dans les plus vils animaux, qu'avec une permission expresse.

L'Église, en admettant la réalité de possessions et d'obsessions exercées par le démon sur des individus soumis par là-même aux plus affreuses vexations, ne nous apprend rien que l'Évangile ne nous ait montré. Les Saints Pères nous ont entretenus d'un grand nombre de faits de cette nature, en nous les retraçant comme arrivés de leur temps. Ils étaient néanmoins plus fréquents dans l'antiquité payenne, qui même ne s'y méprenait pas; elle croyait à la présence

(1) S. Aug. in psalm. 100.
(2) Job. cap. x. v. 22.

2*

d'une puissance étrangère dans ces infortunés
dont les sens étaient si profondément troublés ;
elle les disait tourmentés par un fatal génie,
et voyait en eux quelque chose de surnaturel
et de divin. Il y avait là, en effet, le divin
du paganisme, qui, d'après le Psalmiste, ado-
rait comme des Dieux les démons eux-mêmes.
Ils étaient là comme sur le trépied de Delphes,
comme dans l'antre de Cumes, quoique avec
des différences accidentelles. Au reste, nous ne
voulons pas dire qu'alors, non plus qu'aujour-
d'hui, toute maladie mentale eut pour cause un
agent sorti de l'enfer. Nous ne contestons pas les
effets d'un désordre physique dans l'organe qui,
sans produire la pensée, correspond avec elle.
Ce désordre, nous en convenons, a ordinairement une origine matérielle, mais nous disons
que cette origine peut être aussi spirituelle, et
que comme spirituelle elle était plus commune
et plus évidente avant Jésus-Christ. Que si les
récits des auteurs ecclésiastiques, ainsi que les
écrits des Apôtres eux-mêmes nous apprennent
qu'elle s'est encore manifestée fréquemment dans
les premiers temps du christianisme, c'est qu'a-
lors, au milieu des flots de sang versés par les
martyrs, l'enfer non encore détrôné sur la terre
faisait des efforts désespérés contre l'Église, dans
cette grande et terrible lutte dans laquelle la

possession du monde était le prix de la victoire.

Mais après que l'enfer, vaincu par la foi, eut
cédé la place à Jésus-Christ, le pouvoir de Satan
ne se montra plus que de loin en loin, excepté
cependant dans les pays infidèles, où les prédi-
cateurs de l'Évangile ont assez souvent rencontré
des malheureux sur lesquels le démon exerçait,
comme dans les anciens temps, sa tyrannie par
une véritable possession. Cette détestable action
de l'ennemi de Dieu et des hommes se reproduit,
plus qu'on ne croit, aux époques que la vraie
foi abandonne, ainsi que dans les contrées où
vivent beaucoup de personnes que les choses
saintes et surtout le baptême validement conféré
ne protègent plus. Le baptême met à l'abri,
d'après Saint Cyprien, de la malice opiniâtre du
démon ; cette malice conserve, ajoute-il, toute
sa force jusqu'à ce qu'on reçoive l'eau salutaire,
mais elle est impuissante après ce sacrement (1).

Cette parole du grand archevêque de Carthage,
qui en voyait la vérification de son temps, peut
être entendue non-seulement des possessions et
des obsessions diaboliques, mais encore des
fraudes et des embûches si variées du Démon.
Cet esprit de mensonge et de ténèbres parvient

(1) S. Cyp. lib. Ep. 4.

avec un effrayant succès à se faire passer pour
un esprit de vérité et de lumière jusqu'à se faire
adorer, comme chez les payens, par ceux que
la régénération n'a pas affranchis. Nous ajouterons que ceux-là sont aussi plus exposés à suc-
comber aux attaques et aux surprises de l'enfer,
que les sacrements, indépendamment du baptême, ne tiennent pas habituellement en communication avec le ciel, que la vertu toujours si
efficace de la Croix n'environne pas, et qui surtout
ne possèdent pas Jésus-Christ réellement présent
avec eux, s'immolant sur l'autel et y résidant
dans le double état de victime de salut, et de
Pontife toujours vivant pour intercéder en faveur
des hommes. Mais ceux-là résistent victorieuse-
ment au démon qui *forts dans la foi*, comme dit
l'Apôtre, vivent en union avec l'esprit de l'Église,
c'est-à-dire, avec Jésus-Christ par une vie chrétienne.

« Fidèles, dit encore Bossuet, ne craignez
» pas le démon. Cet ennemi redoutable, il re-
» doute lui-même les chrétiens. Il tremble au
» seul nom de Jésus, et malgré son orgueil et
» son arrogance, il est forcé par une secrète
» vertu de respecter ceux qui portent sa marque.
» C'est ce que nous allons voir dans un beau
» passage du grand Tertullien, d'où je tirerai
» une instruction importante. Dans ce merveil-

» leux apologétique qu'il a fait pour la religion,
» il avance une proposition bien hardie aux
» juges de l'empire romain, qui procédaient con-
» tre les chrétiens avec une telle inhumanité.
» Après leur avoir reproché que tous leurs dieux
» c'étaient des démons, il leur donne le moyen
» de s'en éclairer par une expérience bien con-
» vaincante. Que l'on produise, dit-il, devant
» vos tribunaux, je ne veux pas que ce soit une
» chose cachée, devant vos tribunaux et à la
» face de tout le monde, que l'on produise un
» homme notoirement possédé du diable; après
» que l'on fasse venir quelque fidèle (ayant mis-
» sion de l'Église); qu'il commande à cet esprit
» de parler, s'il ne vous dit pas ouvertement
» ce qu'il est, s'il n'avoue pas publiquement
» que lui et ses compagnons sont les faux-dieux
» que vous adorez; si, dis-je, il n'avoue pas
» les choses n'osant mentir à un chrétien; là
» même sans différer, sans aucune nouvelle
» procédure, faites mourir ce chrétien impudent,
» qui n'aura pu soutenir par l'effet une promesse
» si extraordinaire. Ah! mes frères, quelle joie
» à des chrétiens d'entendre une telle proposi-
» tion faite si hautement et avec une telle éner-
» gie, par un homme si posé et si sérieux, et
» vraisemblablement de l'avis de toute l'Église,
» dont il soutenait l'innocence.... Je ne m'éton-

» ne pas si le diable nous est dépeint dans les
» Écritures tantôt fort, tantôt faible. C'est un
» lion rugissant, dit Saint Pierre; y a-t-il rien
» de plus terrible? mais, dit Saint Jacques,
» résistez lui et il s'enfuira; se peut-il une plus
» grande faiblesse? (1). »

Nous venons de vous exposer, N. T. C. F.,
la doctrine de l'Eglise sur l'existence, la nature
et les occupations des bons et des mauvais Anges.
Mais quels devoirs sont pour nous la conséquence
de cette doctrine?

Il faut, N. T. C. F., honorer les bons Anges,
parce qu'ils sont les amis de Dieu, dont la sainteté doit être glorifiée dans ces nobles créatures
restées fidèles à sa gloire et à son amour. Il faut
aussi les invoquer pour rendre hommage à la
grande puissance dont ils sont dépositaires, pour
reconnaître en eux nos propres amis, pleins d'un
zèle très-secourable envers nous et, pour obtenir
ou conserver leur protection. Comment ne serions-
nous pas animés d'une piété sincère et d'une lé-
gitime confiance envers eux, quand les fonctions
qu'ils remplissent invisiblement sur la terre et
pour lesquelles ils portent le nom d'Anges, c'est-
à-dire d'envoyés, ont pour objet notre bien spirituel et temporel?

(1) Bossuet. *Sermon pour le premier Dimanche de Carême.*

Mais, si nous devons les invoquer, c'est-à-dire
solliciter leur protection, pouvons-nous les évoquer? pouvons-nous appeler ces purs esprits à
venir répondre aux questions qu'il nous plairait
de leur adresser ? Non, certes; de quel droit se
permettrait-on cela? Ils sont envoyés vers l'homme,
mais ils ne lui sont point subordonnés, tant s'en
faut ; ils n'obéissent qu'à Dieu dans l'accomplis-
sement de leur mission. Quoi! on s'aviserait de
leur demander, à eux éternellement glorifiés pour
avoir été soumis et obéissants au jour de l'épreuve, de franchir les limites de leur mission , de
s'écarter de l'ordre de Dieu , et pourquoi ? Pour
nous obéir à nous-mêmes, pour venir satisfaire un
vain désir de curiosité, pour nous offrir un passe-
temps plus ou moins récréatif, pour nous procu-
rer certaines émotions plus ou moins inattendues
et extraordinaires, pour nous donner enfin le
spectacle du merveilleux, propre à flatter et à séduire notre imagination ; mais cela est mille fois
indigne d'eux et ils ne s'y prêteront jamais, nous
en attestons et leur sainteté et leur gloire, et leur
amour pour nous et leur respect pour la mission,
dont ils sont investis.

Dira-t-on qu'on peut bien se permettre à l'égard
des Anges ce que l'on pratique à l'égard des Saints,
que de nos jours on n'a pas craint d'interroger
et qui sont venus répondre? Nous vous dirons,

N. T. C. F. , que les Saints n'ont certainement
pas répondu eux-mêmes aux impertinentes questions qu'on a pu leur faire. Ils sont dans le ciel,
ravis dans la contemplation et dans l'éternelle
possession de Dieu, et s'ils voient en lui nos besoins, s'ils y entendent la voix de nos prières,
c'est seulement afin d'intercéder pour nous; leur
intercession est tout ce que nous pouvons leur
demander et tout ce qu'ils peuvent nous accorder.
Toute apparition ou réponse de la part des Anges
ou des Saints, ne peut être que l'effet d'un ordre
exprès de Dieu.

On a eu aussi dans ces derniers temps, la témé-
rité de demander le secret de leur position aux
âmes saintes qui, n'étant pas encore introduites
dans le ciel, où rien de souillé ne peut entrer,
achèvent de se purifier dans le purgatoire. Mais
elles n'ont pas répondu non plus, elles-mêmes. En
effet, s'il nous est donné de les soulager et de hâ-
ter leur délivrance, nous n'avons pas le droit de les
interroger, et il ne dépend pas de nous de les faire
comparaître en notre présence. Elles sont captives
de la justice divine, dans le lieu d'expiation qu'elles
habitent, et nul, Ange ou homme, ne saurait, par
un artifice quelconque, leur faire violer, pour en
sortir, l'enceinte de ce lieu mystérieux et redoutable.

Ainsi, si les Anges ou les Saints du ciel, ou

bien les âmes du purgatoire ont paru répondre à
des interrogations qui leur auraient été adressées,
sans un ordre exprès du Seigneur, mais à la faveur
de certaines pratiques toutes physiques en appa-
rence, et d'où la prière à Dieu par Jésus-Christ
son fils est absente, nous disons avec certitude
qu'un autre a répondu que ceux qui ont été in-
terrogés.

Cependant, à qui attribuer la réponse qui a été
faite? Eh bien! tout soupçon de supercherie de
la part des personnes qui ont concouru à l'opération étant écarté, et la réponse par sa nature
et par les circonstances qui l'accompagnent ne
pouvant venir que d'une intelligence, nous disons
que cette intelligence menteuse qui a pris la qua-
lité d'un Ange de Dieu ou d'un Saint du ciel, ou
d'une âme du purgatoire, ne peut être qu'un
démon de l'enfer ou l'âme d'un damné. Il n'y a
pas d'autres esprits à qui une pareille imputation
puisse être faite.

Mais à présent, N. T. C.F., nous demanderons
à ceux qui dans notre diocèse se livrent avec tant
d'ardeur aux expériences qui ont pour objet d'obtenir ce qu'ils appellent les réponses des esprits,
nous leur demanderons s'ils pensent qu'il leur
est permis de se mettre en communication avec
le démon ou avec les âmes des damnés qui sont
dans l'enfer. Les âmes des damnés! mais pour-

quoi auriez-vous quelque rapport avec elles? N'en êtes-vous pas séparés par le chaos et l'abîme? Ne devez-vous pas travailler à en être éternellement séparés ? Que peut-il y avoir désormais de commun entre vous et elles ? Elles sont perdues, perdues pour jamais ; ne les cherchez pas ; aussi bien, pensons-nous que vous ne les trouveriez pas, que vous les appelleriez et qu'elles ne vous répondraient pas. Elles sont emprisonnées dans le lieu des douleurs, et d'ici vous ne sauriez entendre leurs gémissements sans fin. Il ne peut exister aucune société entre vous et elles, à moins qu'un jour, par votre faute, vous n'alliez les rejoindre là où elles sont, où elles seront toujours.

Mais le démon, dont elles sont les victimes, parce qu'elles ont, hélas ! prêté l'oreille à ses suggestions, le démon peut quelquefois vous répondre pour elles, emprunter leur nom, se couvrir de leur masque et vous raconter même à sa manière astucieuse, ce que vous connaissez de leur vie terrestre pour les représenter devant vous avec plus d'illusion. Il vous cachera, le fourbe, leurs supplices, il voudra même vous faire croire à leur prétendu bonheur pour vous entraîner dans la même voie de perdition. Malheur à vous si vous l'écoutez ! si vous tombez dans ses piéges, si vous prenez sa parole mensongère pour une parole de vérité! La vérité, quand il s'en sert , n'est pour lui qu'un moyen de couvrir le mensonge. C'est un sacrilége qu'il commet contre elle. Il en fait toujours avec le mensonge un mélange adultère.

Que disons-nous ? la personne dont il emprunte le nom, n'est pas souvent, tant s'en faut, en son pouvoir, bien qu'il la place au nombre des esprits, dont il veut faire reconnaître la puissance. Il est écrit que, lui, *Ange de ténèbres, se transforme quelquefois en Ange de lumière* (1). Ne peut-il pas, dès-lors, dans son fallacieux langage, mettre les amis de Dieu dans la société de ses ennemis ? Ne le croyez jamais : il confond tout, il renverse *tout*, le vrai et le faux, le bien et le mal, il ne veut que vous tromper et vous perdre, voilà son but.

Si, cédant à une tentation dangereuse, vous osez l'interroger, tantôt il se nommera par son vrai nom, tantôt il se dira une personne qui vous fut chère, ici il se donnera un nom illustre dans l'histoire, là il n'aura qu'un nom obscur ; ailleurs, il se présentera avec le caractère apparent d'un Saint qui a laissé dans l'Église un souvenir justement vénéré, il usurpera l'autorité de ce Saint, et il cherchera toujours à vous tromper et à vous entraîner au mal, sans que vous vous aperceviez où il veut vous conduire. Souvenez-vous qu'il est cet antique serpent qui a trompé le genre humain

(1) Cor. cap. xi, v, 14.

dans la personne de nos premiers parents, que c'est lui qui, par divers prestiges, et en altérant les vérités des traditions primitives, a corrompu la religion des anciens peuples, et s'est fait adorer sous les mille noms des faux Dieux du paganisme. Qui sait? Ne pourrait-il pas essayer d'en faire autant aujourd'hui? De notre temps, il a conduit un certain nombre d'esprits au dernier terme de l'erreur. Non-seulement il les a fait douter des vérités les plus importantes, mais il leur a fait préconiser des systêmes d'athéisme et de matérialisme. Cependant il n'a pu précipiter la masse des hommes dans de si profondes ténèbres. Ils ne sauraient y vivre, l'air vital y manque comme la lumière pour l'intelligence humaine, seulement il y est né des monstres de doctrine; spectres affreux, qui poussent vers le chaos la société obligée de reculer d'épouvante. C'est ainsi que toutes les erreurs ayant été comme épuisées, on aurait à en recommencer le cercle fatal, pour s'empêcher de se sauver dans les bras de la vérité. C'est ce qui explique peut-être pourquoi le père du mensonge semblerait essayer de revenir aux ruses exécrables des anciens temps. Impuissant à renverser parmi nous l'autel du vrai Dieu, il pourrait bien vouloir usurper comme un coin de cet autel, pour lui et ses anges maudits. On dit que déjà cette abomi-

nation réussit et fait des progrès de l'autre côté
de l'Océan, sur une terre que l'hérésie, succédant
aux superstitions du sauvage, n'a pu laver de
l'antique corruption. S'il faut en croire de graves
récits, les démons toujours plus ou moins les
maîtres y ont des temples et de nombreux ado-
rateurs. C'est de là que ces génies malfaisants
se seraient élancés sur l'Europe, pour y propager
leur nouveau culte. Quel avenir annonce cette
évolution inattendue de l'enfer dans ses attaques
contre les hommes? Croit-il que le moment est
venu, où les peuples préparés par tant d'erreurs
à se laisser aller à tout vent de doctrine, seront
plus accessibles à ses pernicieux mensonges?
Est-ce dans cette pensée qu'il s'adresse d'abord
à ceux qui n'ont *pas la vraie foi*? Croit-il, en
l'absence de toute autorité, surprendre plus
facilement des gens livrés aux incertitudes d'une
raison faussée en matière de religion par une
longue habitude de l'erreur? Est-ce qu'il serait
agité du pressentiment d'un grand triomphe de
la vérité, qu'il voudrait prévenir, en suscitant
entr'autres obstacles, comme aux premiers siècles
de l'Église, des illusions dangereuses par les divers prestiges de sa puissance? ou bien sommes-
nous près des temps avant-coureurs de ceux que
le Divin Maître a annoncés, en disant qu'alors
de *faux Christs et de faux Prophètes produiront des*

signes et des prodiges capables, si cela était possible,
de séduire les élus eux-mêmes (1).

Mais, les fidèles ne sauraient se laisser surprendre, ils savent que les esprits qui prétendent
prophétiser ne parlent pas toujours également
bien de la vérité et de la vertu; non-seulement ils
se contredisent et se trompent assez souvent, en
voulant tromper, mais ordinairement ils reculent
dans l'énoncé de la vérité religieuse devant les
points décisifs. Ils louent, il est vrai, la morale
de Jésus-Christ, mais ils ne confessent pas qu'il
est Dieu, ou ils le font en montrant qu'ils souf-
frent violence. Ils manifestent presque toujours
une sorte de frayeur du signe de la Croix, du livre
des Evangiles, ou d'un autre objet consacré qu'on
leur présente. Souvent un acte de Foi, ou une
invocation même secrète du nom de Jésus ou de
la Sainte Vierge, impose silence aux esprits, si un
sincère chrétien fait du fond du cœur cette prière
avec l'intention de détruire leur prestige. Enfin,
ils repoussent l'autorité de l'Église dont l'enseignement, d'après saint Paul, devrait prévaloir
même contre le témoignage d'un Ange du Ciel,
si un Ange du Ciel pouvait contredire cet enseignement. D'ailleurs, l'oracle de l'enfer fut-il toujours exact, on ne doit pas désirer de recevoir

(1) Marc. cap. XIII, v. 22.

par un tel oracle même la vérité, et on ne peut la lui demander sans se placer sous la plus effrayante influence du mal, et sans finir par tomber dans des embûches extrêmement dangereuses pour la foi et pour le salut, et nous osons ajouter, pour la raison humaine.

C'est pourquoi, N. T. C. F., après avoir mûrement examiné la question; après avoir soigneusement interrogé même les hommes du monde qui, ayant vu et entendu, sont d'ailleurs par leur science les plus compétents pour nous rendre compte, soit des moyens employés afin d'obtenir ce que l'on appelle les réponses des esprits, soit de ces réponses elles-mêmes dans leurs formes variées; après avoir lu plusieurs ouvrages sérieusement écrits sur ce sujet, ainsi que les sages avertissements donnés à leurs ouailles par plusieurs de nos vénérés Collègues, nous déclarons, par notre autorité d'Évêque et de Pasteur, et en vertu des pouvoirs que nous tenons de Jésus-Christ, défendre à nos diocésains de se prêter aux pratiques qui ont pour objet une évocation quelconque des esprits.

Nous sommes mûs dans cette déclaration par la connaissance que nous avons de l'entraînement, avec lequel un trop grand nombre de personnes se livrent, parmi nous aux pratiques dont il s'agit. On doit s'en abstenir, n'importe par quel mode d'opération on agisse, soit qu'on fasse tourner des tables ou autres meubles, soit qu'on procède avec un appareil scientifique ou de toute autre façon sérieuse ou puérile, et cela, quand même on n'aurait en vue qu'un but de curiosité et de récréation. On n'est que trop fondé à croire, si l'effet provoqué s'en suit, que le démon s'est glissé à travers ces jeux, comme un serpent sous l'herbe, pour venir nuire aux téméraires qui l'ont appelé.

Cherchez plutôt, N. T. C. F., à le vaincre par le jeûne, par l'abstinence, par la prière et les bonnes œuvres dans le saint temps de Carême. Ce sont là les pratiques salutaires, par lesquelles, d'après l'Église, le mal est comprimé en nous, l'esprit s'élève, la vertu s'accroît et le Ciel est mérité.

Donné à Marseille, dans notre Palais Épiscopal, sous notre seing, le sceau de nos armes et le contre-seing de notre secrétaire, le 20 février 1854.

† CHARLES-JOSEPH-EUGÈNE,
Évêque de Marseille.

Par mandement de Monseigneur :

CARBONNEL, Chanoine,
Secrétaire-Général de l'Évêché.

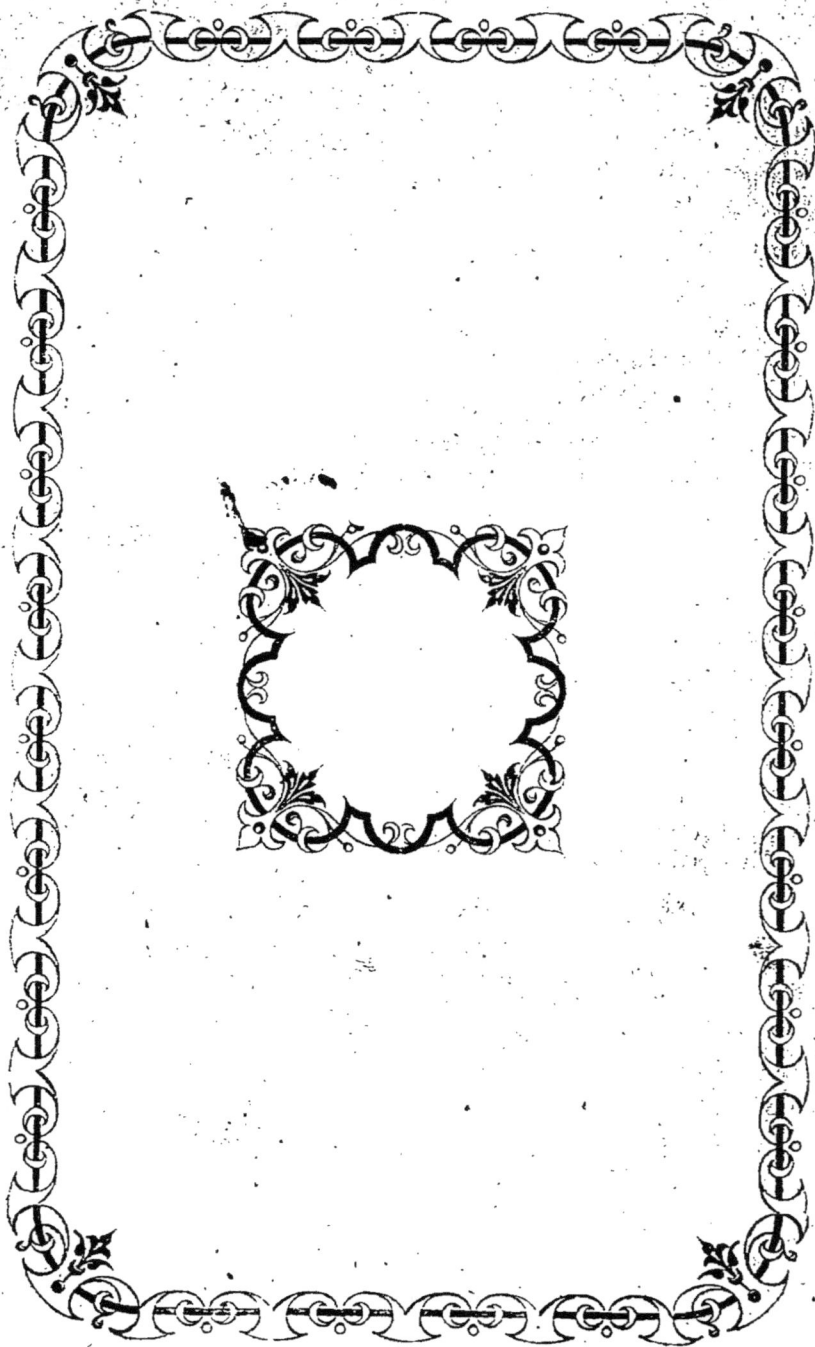

www.ingramcontent.com/pod-product-compliance
Lightning Source LLC
LaVergne TN
LVHW022029080426
835513LV00009B/945